JN438137

초록 그리움

나 영 훈 제5시집

청옥

詩人의 말 ● ● ●

인간은 대자연속에 하나의 미세한 존재에 지나지 않는다. 라일락 향기가 그윽한 뜰 안을 거닐며 산야에 지천에 깔려 있는 나무 한 그루 풀 한 포기, 심지어 작은 돌멩이 속에도 생명체가 있고 극한 남극 북극 오지 지방에도 생명체가 살아 숨 쉬고 있듯이 무수한 풀잎과 이름 모를 꽃들과 대화를 나누고 있으면 저절로 언어구절이 내 뇌리를 스쳐 가므로 행복을 느끼며 영감이 떠올라 두서없이 적어놓은 서브 노트가 되어 시 창작열을 높였다고 해도 과언이 아니다.

나의 글이 미숙하지만 어여삐 봐주시고 독자들에게 삶의 보탬이 되는 감동을 줄 수 있다면 그것으로 만족을 느낀다.

『초록 그리움』 한 권의 시집이 나오기까지 내 주위에 아껴 주는 이와 해설을 맡아주신 임 종성 박사님과 청옥문학 회장님 이하 여러분들에게도 이 자리를 빌려 감사의 말씀을 올립니다.

2016년 5월

마안산 기슭에서 나영훈 올림

차례

제1부 계절의 길목에 서서

제2부 민들레 戀歌

제3부 숲 속의 향연

제4부 춤추는 기억의 잎새

제1부

계절의 길목에 서서

해돋이

위대한 창조 세상 아래
벽두를 점화하는 생명의 불덩이
자연 따라 나선 지 수십 년 흐르고
첫날 해돋이가 처음이 아닐지라도

보고 또 보는 햇볕의 따스한 느낌이
발끝부터 온몸에 열기
저려오는 사랑의 불덩이
햇살 따라 살고 지는 한세상 삶의 불씨여라

희로애락도 세상에 온 빛이라면
얼마나 선하게 살아왔는지
얼마나 성찰하며 살아왔는지
오고 가는 길이 생에 전부라면

부모님께 받은 은혜 태산 같은데
세상 사람께 받은 은혜 하해 같은데
빚을 갚은 자세로 그저 감내하며
있는 듯 없는 듯이 살아야겠지

푸른 밤 연가

보고 싶다 가슴이 저리도록
인경 소리 들릴 듯 말 듯 고적한 밤
파란빛을 쏟아내는
달 속을 더듬는다

아무리 더듬어도 보이지 않는
어딘가에 숨겨두신
흔적을 찾아
내 동공은 파란 불꽃 일으킨다

어둑살 짙어가는 거리
그날 저녁에도 푸른 밤이었지
앙상한 가슴 불 지펴줄
한 줄기 사랑의 빛

앳된 당신 모습 그리다
언제가는 만나겠지만
너무나 보고 싶다
이 달빛 푸른 밤이면 더욱더

포장마차에서 생긴 일

각기 다른 고향에서 올라온
전어 오징어 양미리 도루묵 조개
뒤질세라 꼴뚜기도 한몫하네

목욕재계하고 있다가
주인 손에 멱살이 잡혀
불판 위에 올라가 춤을 춘다

우리네 사투리가 다르듯
지~지 피~피 자글자글 입담을 나누다가
소주 한 잔이 목줄을 타고 길을 내면
육신을 서슴없이 던지는 놈들

취객들은 세상 이야기
욕설로 포장해서 목을 다듬고
이런 저런 애기 꽃 피우다가

숙주宿主로 살다가 잡혀온 놈들
후회 없이 취객과 동행하면
희생 봉사도 이만하면 족하구나

가을에 전하는 편지

우표 한 장 없어도 전할 수 있는
가을이면 쓰게 되는 편지
떨어지는 낙엽 그려놓고
바람의 이야기도 담았어요

하얀 백지 위에 애써 감춘 마음
바람 편에 들려오는 얘기에
애꿎은 빈 가슴에 돌 던지며
파란 하늘 바라도 봅니다

가슴 불태우듯 노을 지던 날
바람 속 걸어가는 가을 풍경
가을밤이면 별빛도 흔들리는데
내 모습도 가을이면 그러하지요

수취인이 그대이길 바라며
달빛을 핑계 삼아
행여 받아보는 그 누구가 당신이라면
이 가을 멋진 사랑의 맹세일는지

우표 대신 내 마음 동봉하여
고운 빛깔 채색되어 가는 너의 모습
창밖에 가을빛 물들어 가는 날
달빛 이야기도 담았습니다

힘겨운 세상 너울 타고

격한 울분 토해낸 자국 더듬어
바람 잘 날 없는 리듬 속으로
바위 같은 마음은
하늘 향해 솟구쳐 다듬질한다

불어오는 세찬 비바람에
흔들리는 너울 타고 달아나니
힘겨운 세상 속 스리슬쩍 뒤척이고
새삼 놀란 눈치코치 바람 맞잡는다

추스르지 못한 여운 남기고
솟구쳐 치솟는 시원스런 물줄기
한 움큼 떨쳐버린 지난 얘기
우리들의 이그러진 표상일는지

험한 세상 넘어질세라
곧은 절개 바로 세워
눈 뜨면 달라지는 일상 속에서
기대 찬 바람 안고
살맛 나는 세상 가꾸어 보자

감자꽃 필 때면

아무려면 어떠랴
억척같이 살아온 내 인생
어릴 적 품은 순정 간직한 채
고운 숨결 내뿜는 꽃망울 여물어간다

점차 달구어가는 몸 다스리려
늦봄이 산속으로
수행 길 접어갈 무렵
연분홍 순정 감자꽃 필 때

튼실한 밀알 키우기 위해
그대 앞에 내조도 잠시였지
이맘때 꺾어야하는 감자꽃처럼
동강 나던 순정이 얼룩져 번져오네

지난 일 섬광처럼 뇌리 스쳐올 때
가신 봄 다시 오고
빙하에 떠돌던 추억도 오고
향긋한 감자꽃도 피워 오겠지

강 나루터에 생긴 일

겨우내 얼어붙은
강 나루터에 꽃잎이 얼음 녹여
고운 임 봄바람에
나룻배 타고 오시는군요

소리 없이 흐르는 강물은
향기 타고 봄바람 실어
소식 전해 주려고
나룻배 건너오시는군요

되돌릴 수 없는 세월이기에
그 흔한 눈물마저 메말려
빈 가슴 채우는 아지랑이
호반 위로 하소연 실어

행여
그 뱃길에 내 임이 오실까
진종일 기다림에 지쳐
기약 없이 마냥 하소연합니다

갯벌

썰물이 다 빠진 넓은 뻘 판
생명의 젖줄이 넘실대는 어촌
밀려왔다 사라져가는
생명체의 신비스러운 춤 보았지

삶의 활력소 불어 일으킨 갯벌
은은한 빛줄기 타고 달빛 머무는 곳
아름다운 물결 넘실대고 노랫가락
흥겹게 꾀꼬리 같은 음율 키워대면

함께 영유하고 살찌운 이 바닷가
뻘 판이 있기에 살아 숨 쉬고
그리운 임 있기에 마냥 즐겁고
가지런히 숨은 조개, 낙지, 게들

그들만의 합창 소리에 화들짝 놀라
밑바닥부터 뜨겁게 달군다

겨울 바닷가에서

바람 따라 친구 따라
하얀 포말 되어 뿌려지는 파도
세월의 탑 쌓여도
변함없는 파도 너의 몸짓들
순결한 모래 친구 곁에 있음에도 잊었군

경계 없는 무한의 바다
수평선 바라보며
내 실체 찾아 발버둥 친다
여유의 소박과 진실 없어
시선은 어느 한 곳에도 꽂히지 않는다

겨울 바다에 외로이 던져진 나
몸의 찌꺼기들 나도 몰래 씻겨
석양은 농익은 찬란한 붉은빛으로
일몰의 시간을 황홀케 하고
인생의 마지막 순간도 이러할까

계절의 길목에서

따스한 손길 떨쳐 버리고
떠나가는 계절의 길목에서
소슬바람 파고드는 가슴 안고
당신의 사랑 느껴옵니다

로맨틱한 기억의 저편
갈대가 휘날리는 언덕으로
동지섣달 긴 밤 찾아와도
당신이 있어 외롭지 않네요

파노라마 같이 펼치는 영상 같이
스쳐가는 모든 인생살이
아쉬움과 미련이 남지만
애착의 불씨가 행복 안기는군요

고향 연가

내 어릴 적 고향 동산에
어렴풋이 뛰놀던 기억 되살려
날 불렀던 고향 옛 동무
지금 어디에 무엇을 하는지

기억의 저편에 숨어있는
자연의 풍물들 그리운 초가지붕
고향 내음이 내 코 속 간지럽히고
정녕 너를 잊지 않고 찾아왔건만

반겨줄 사람 어디에도 없고
반평생 타관 땅 맴돌다
고향 그리워 지금 여기에 서서
이곳에 살아간다고 다짐하고

어릴 적 묻어나온 추억
노닐던 그 시절이
여 일곱 어제 같아도
애써 감춘 동안童顔 잔주름 날린다

공空

거대한 몸짓으로 우뚝 선 그대
하늘 향해 솟은 소망의 땅을
한없이 밟고 또 밟고 다져왔다

끈끈한 눈길 마주치며 청아한 목소리로
어딘가 들려오는 유행가 한 소절
여인네 치마폭 속에 새겨진 이름
흐느적거리며 내게 다가온다

앞뜰에 떨어진 꽃잎 하나 가슴에 묻고
계절이 사라진 이 거리에서
붉은 단풍 바람에 흩어지는 아쉬움
진한 입술 깨물고 달려왔건만

어차피 인생은 공수래공수거인 것을
욕망 다 내려놓고
남을 위해 헌신하고
봉사하며 남은 인생 살련다

공생 관계

호미와 낫은 이웃사촌
담금질로 벼린 날인 것을
잘못 다루어 베이고 다친 손
손안에 연장 잘 다듬어

잘못 사용한 손을 두고
호미와 낫의 날카로움만 원망하고
베이고 다친 손 아픈 날에도
낫과 호미 다시 챙기는 것은

삶이 있는 농촌에선
없어서는 아니 될 영농도구
스스로 운명을 같이할 공생 관계

귀향 바다

보이지도 않고 만질 수 없어도
우리는 꿈을 먹고 살지
풀벌레 울음소리도 두려운 밤
별빛 껴안고 달빛 밟으며 꿈길 헤매네

바다 물결이 출렁이는 곳
파도에 부딪쳐 제 갈 길로 돌아간다
난 한 마리 물새 되어
펼친 날개에 분칠하고

파란 이끼 낀 꿈
기다리는 달빛 바위
시리게 들려오는 파도 소리에
정감 흐르는 고향 바다로 돌아온다

그리움으로 시작되는 봄

푸른 들녘 햇살 비쳐
흙을 어루만지다
묵었던 기운이 아지랑이로 흩어지고
방금 감은 여인네 머릿결처럼
싱그러운 풀들이 속삭인다

질퍽해진 길을 피하여
장에 가는 아낙네 머리엔
한 보따리 짐이 놓여있고
얼굴에는 잠시 후 맞이할
수줍은 행복이 담겨있다

그리움으로 시작되는 봄은
어떤 말로 표현할 수 없어
햇살이 그려놓은 수채화
그 속에 난 겸손한 들꽃이고 싶다
보랏빛 나는 제비꽃이고 싶다

봄 햇살이 주는 너그러운 여유
따듯한 한 줄기 바람에 감동하며
지나온 날들 추억을 회상하고
또 한 번 그리운 그대 품으로
귀향歸鄕을 꿈꾼다

그리움이 젖은 창가에

아지랑이 피는 뜰 안에 앉아
그리움이 짙어 갈 때면
아픈 흔적 지우려
참아도 그리우면

햇살 드리운 창가에
봄꽃 숨소릴랑
차디찬 내 입술로
지그시 누르고

마음의 강물에
사랑 배 하나 띄워
허리까지 흥건히 밴
그리움 삼키고

부르다가 지친 이름이여
흐르는 눈물이
다홍빛 꽃잎 되어
수줍게 영글어 가네

그윽한 향기 온 누리 적시리라

언제부터인지는 몰라도
하늘이 나를 감싸는 듯한 여운에
꿈결 같은 여행을 하기도 하고
스스로 광명의 빛으로 변모하여
누리에 스며드는 그런 여유를 보았으니
어찌 무심 속의 참 도를 모른다 하리

귀하고 귀한 몸일진대
마음의 향기 따라 청정 하늘이 되고,
때로는 대해로의 약속으로 흐르지 않으리
순리를 따르는 자연 속 만물과 대화
천지만상을 보며 귀일천을 깨우치니
무위자연의 도를 어찌 멀리 할 것인가

바람이 되어 우주를 가리라는 언약
새가 되어 푸른 하늘을 훨훨 날아보리라
내 안으로 밝고도 둥근 보름달을 띄워
겹겹의 어둠의 흔적들 두루 밝히고
내 안의 그윽한 향기 온 누리 적시리라

꽃비 내리면

새악시같이 수줍게 다가오는
초록빛 봄에게 질투가 나서인지
거센 바람에 눈물 지우며
꽃비 되어 대지를 적시네

바람결에 휩쓸고 간 향기에 넋을 놓고
휘적 휘적 가누지 못하는 봄
촉촉이 젖은 운무 사이로
실바람 불어 새벽 밝혀 온다

고단한 날갯짓 벌나비 속삭임에
이미 잉태한 것을 배려하기 위해
험한 세상 파도를 타고
꽃비가 되어 지상에 내려와

기다려도 오지 않는 임이여
가슴 한켠에 솟구치는 그리움
지는 꽃잎도 꽃이련만 서러운 향기
가득 채우고 봄은 그렇게 흘러가네

낙엽 떨어지는데

머나먼 길 우리 함께할 시간
얼마나 가야 할지 되새기며

혼자 덩그러니 걸쳐 앉은
저 잎새처럼 허망하지 않게
줄곧 다독이고 감싸줄 너이기에
서로 사랑하며 살고 싶습니다

힘겨운 삶의 무게가
지친 내 육신 짓누르고
그대여 이 낙엽 떨어지면 어찌 살려고
너무 짧은 여운 남는 생이지만

저 쌓여진 낙엽처럼
서글프게 피폐해지진 말고
서리꽃 하얗게 머리에 내려도
새봄 다시 오겠다는 언약 기대며

노송 향기

삭풍이 휘몰아치는
골 깊은 산기슭에 떠도는
운무를 뒤로하고
늑대들 울음소리 처량도 하다

눈보라 휘몰아치는 광야
온통 찢기고 짓밟혀 쭉정이 판
남은 나목 천지 사방
칼바람에 난도질당하듯

저 멀리 산기슭에 허리 휜 노송
세월 낚아 바람의 넋 서러운데
만년설 틈새 바위 속 헤쳐나와
구름 위 펼치고 속삭인다

제2부

민들레 戀歌

노을 진 뜨락

노을빛 내리는 뜨락 홀로 걸으며
하늘 향해 속삭이는 간절한 애원
그대의 자장가 온유한 속삭임

잡힐 듯이 잡히지 않는 꿈을 붙들고
서성인 날들이 수없이 지나가도
아직도 그 자리 떠날 수 없는 인연

아주 좋은 곳에 마음 이끌려 유혹당해도
작은 몸짓 하나도 배어가는 소박함
지금보다 힘든 날이 닥쳐와도 기다린 보람

마음 머무는 곳에 너와 함께라면
서로 온유하고 끝없는 희망 불 지펴
푸른 세상 빛들이 한없이 태웠던 젊음

미련 떨쳐버리고 노을 지는 그리움
걷고 다시 걸어도 끝이 보이지 않는 미로
내일 향해 손짓하는 뜨락에 핀 꽃향기

누구를 위해 봄은 오는가

양지바른 언덕 지평선 맞닿은 곳
쉼 없이 봄비가 내리네
삭막한 대지 위에
누구를 위해 봄은 오는가

아무도 찾지 않는 뒷골목 외진 곳
엎드려 유행가 틀어놓고
엄동설한 불구의 몸으로
구걸하는 인생에도 봄은 찾아오는가

모질게 꺾어도 쓰러지지 않고
일어나 재활의 꿈 안고
내일을 향해 희망의 닻을 올려
거침없이 달리는 이에게 봄은 오는가

이 세상 어느 누구에도
견줄 수 없는 값진 인생
살아가는 희망의 나래
마음껏 휘저어가는 봄은 오는가 보다

눈길 걸으며

눈 내리는 날이 오면
가슴속 무슨 연민의 정 남아
왠지 뜻 모를 그리움 뱉어 낼까

무심코 걷는 발걸음 따라 찍힌 발자국이야
눈 내려 다시 덮어 주겠지만
가슴속 시린 발자국은 누가 덮어주랴

여울져 오는 그리움은
오랜 세월 가슴 조아리며
한숨 내쉬며 응어리진 사연

눈 내리는 날이면
어디선가 날 기다리는 사람
나 걸어온 길 뒤돌아보니
덧없는 세월인 것을

달빛 내리는 창가에

소리 없이 내 창가에
고운 살결 빛은 달빛 내려와
보고픈 그대가 다가와
반가움에 살포시 안기는구나

가을밤 하늘 별똥별 헤아리며
그리움 젖은 눈물 흔적
애써 감출 수 없는 나만의 애증
그대 떠나지 말고 있어주오

달빛 젖은 창가에
풀벌레 울음소리 내 마음 녹여
내 임 있기에
유난히 별빛 반짝이는 밤이군요

아름드리 수놓은 이 가을밤
사랑의 밀어 속삭여도
정녕 그대는 떠나실는지
잊을 수 없는 하루가 지나가군요

달빛 푸르른 날에

달빛이 시리게 푸르른 날에
동녘 저편에 춤추는 깃발 속에
선혈이 낭자하게 당해도
견디기 힘든 빛이 내게 다가온다

아름드리 수놓으며 매듭 엮어
찢겨나갈 아픈 상흔 달래며
그렇게 맴돌다 잰걸음으로
되돌아보는 임 그림자

오늘따라 강둑 언저리 바라보며
쉼 없이 흐르는 강여울 따라
한없이 끝도 없이 흐르는데
그렇게 당도 한 곳이 어디메뇨

차라리 난 바람이 되어
그대 머문 창틈에 살며시 들어가
밤새 그대 침상에 맴돌았으면
조금은 그대 속내 알 수 있을는지

冬柏이 피고 지면

겨우내 얼어붙은 가슴
가쁜 숨 내쉬며 붉은 기침 토해낸 자국
너의 모습 멀어져 가면
나는 어쩌란 말이냐

봄 햇살 내린 따스한 봄날
이 꽃잎 피고 지면
어이 하려고
사노라면 더러는 잊고 산다지만

내 평생 잊을 수 없는 것이 있으니
고운 자태 붉은 내 동백
기다리는 마음이야 견딜 수 있다만
바라보다 멍든 가슴 지울 길 없어

계절을 돌아누운 바람 소리에
소복 같은 흰 눈 위에 붉은 내 모습
이 꽃잎 피고 지면
또 하나의 그리움 쌓여가

또다시 내 꽃잎 피고 지면
바람 불고 흰 눈 내리면
반갑게 맞이할 동백이
내 마음 창가에 아려오네

며느리 깃발

남이 볼세라 누가 건드릴까
촘촘한 가시로 옷깃 꼭꼭 여미고
세모진 잎으로 암팡지게 옷섶을 가렸건만
어느 틈으로 보았다고 우기느냐

시어머니 매운 시집살이
덩굴지는 세월로 살아내며
설운 눈물이 까맣게 씨로 맺힌 아픔인데
행여 심술궂은 시어머니 흠잡을까

치장한 옷고름의 노리개
흑 진주 알이 배꼼이 보였더니
가눌 길 없는 기쁨 간직한 채
며느리 깃발로 휘날린다

목련 꽃잎을 보며

그대는 아실는지
순백한 저 꽃잎을
혼자 되뇌이던 애절한 말
숨어있는 너만의 표상

함박 같은 웃음이 아니라
처절한 기다림으로
무언의 방황 속에
해맑은 모습 변할 수 없어

눈 한 번 뜨고 나면
허락된 시간 다 가고
알 수 없는 아름다움
잠시 내다보는 너의 숨결

숨겨둔 그리움을
이슬 같은 눈물 쏟아내고
몰래 감춰놓은 언약
뭉클 젖은 가슴 안겨 온다

목은 생가 터에서

그대는 아실는지 괴시리 넋들
국운쇠진 목 놓아 불러보던 충절가
영해평야 고스란히 감싸안고
거닐던 서남향으로 향한 고택

오래 묵은 향기 은은히 취해
유유히 흘러온 지나간 세월
목은만이 간직한 특유의 시조풍
오백 년 사직 묵묵히 지켜온 대문장가

실록이 우거진 오월 어느 하루
그대 있으매 나라 꿋꿋이 지켜
임 그리워 후손들이 찾아 왔건만
반겨주는 이 없어 아쉬움 달래며

천년 이어온 예술의 가치 되새기며
목은 삶의 애환 서린 기념관에서
초상화를 묵묵히 바라보며
그대 가르침 가슴 새기며 가네

무현금 얘기

대청마루 모퉁이 무현금無絃琴 놓여있어
푸른 등 뒤로 숨어있는 그림자
주아 청청 없는 줄 사이 팽팽히 당기면

헉헉대는 말복도 지나 칠석 접어들면
슬며시 본색 들어내는 가을바람
딩둥 땡둥 고운 음율이 울려 퍼진다

얽히고 설킨 지난날 접고
새벽하늘 화선지에 변곡선 그으며
사랑도 싫어 돌아앉은 그림자 눈을 흘긴다

무현금 가락에 읊조린 숨소리가
오금 펴고 가느다랗게 밀어난 흔적
아름다운 소리 취해 더덩실 어깨춤 추네

미래를 향한 독백

늘상 해왔던 방식대로 해 왔건만
자랑할 것도 특별할 일도 없지만
흥겨울 재미가 있어야 하는데

어쭙잖은 세상살이에
나름대로 계획하고
실천하고 틈틈이 쌓아올리며

노력하고 달려왔지만
무엇 하나 달라지거나
이렇다 할 변화된 게 없다

나만의 공간 세월의 무게만
잔뜩 얽매인 채로
그 틀 속에
나를 너무 오랫동안
가둬 놓은 게 아닌지

새롭게 변모하는 시간 남긴 채
아름다운 영상 떠올리며
정녕 나만의 존재가치에 맴돌아
또 다른 미래의 꿈 펼쳐 남긴다

민들레 戀歌

초록 카펫 깔아놓은 들녘에
그 위로 노란 물감 뿌린 꽃
모질고 세찬 비바람 이겨낸
억척같은 민들레여

시기심 많은 병아리
이를 보고 마구 쪼아대니
상처 난 꽃잎들
반나절도 못 가 시든다

햇살이 들면 머리 쳐들고
몸짓을 한다는
민들레 꽃 씨방만
이제 숨은 빛 노랗게 열고

한바탕 꽃잔치 마당
풍성한 세상을 만난 거지
모진 비바람 이를 이겨낸
신록 나절 쉽게 넘나든다

바람만이 간직한 비밀

가냘픈 가지 끝에 일렁이는 바람
잎사귀만이 간직한 비밀
오늘도 그 속내 알 길 없어
한참 동안 기대어 바라보네

바람은 날마다
개울 이끼 물어다
나뭇가지 잎사귀에
흔적을 남긴다

풋고추가 발갛게 물들 무렵
벼 이삭이 여물어 갈 때면
고운 맵시 빚어낸 단풍 옷 입느라
분주한 나뭇잎들

앞뜰에 놓인 금 간 옹기처럼
삶의 무게 지탱해온 세월이
황금빛으로 여물어가는
바람만이 간직한 비밀

밤나무 아래서

파란 이파리 나풀거리며
하늘 높은 줄 모르고 오르더니
여름밤의 꿈이 영글어
짙은 갈색 털 사이
밤송이 주렁주렁 매달렸다

높고 푸르기만 한 가을 하늘
가을빛에 물드는 하얀 속살 나무 아래서
긴 장대 요리조리 나뭇가지에 걸어 흔드는
저 아저씨 머리 위로 우르르 우르르 쏟아지는
밤톨 알알이 경이롭고 장관이다

와 탄성 지르는 사람들
대박을 알리는 첫 수확의 기쁨을
풍요로움으로
몸과 마음도 가볍게
깊어가는 가을 추억을 고이 간직하기를

별빛 머무는 밤

유난히 빛나는 서쪽 샛별이
후텁지근히 더운 여름밤
그대 저 하늘 별이 된다면
고운 손길 살며시 잡아본다

맑고 청아한 공기 가르는
소리 없는 아우성 이슬 머금고
뭉게구름 속에 비친 모습은
누굴 기다리며 애간장 녹이나

밤마다 떠올리는 고운 그대 모습
망각에 사로잡힌 시간 속
행여나 고운 임 내게 오려나
기다림에 지친 숨결이여

봄 봄 봄

겨우내 꽁꽁 얼었던
대지 위에 봄볕이
오늘은 가득 쏟아져 내립니다
늘 가슴 시렸던 날들이
오늘 이 따스한 봄볕을 보고자
숱한 고통 참아 낸 것은 아닐까요

봄 봄 봄
새 생명 잉태시키기 위해
숨 가쁘게 달려오고
뒤뜰에 늘어진 버들이
먼 발치 바라보니
푸릇푸릇 빛을 발산하고

앞마당엔
뛰어 놀고 있는 복슬이가
신나게 짖어대고
눈부신 오후
그윽한 모카 향 물씬 풍기는
차 한 잔이 그리워져요

봄볕 타고 오세요

샛강 물살 씻겨진 바람
몸 말리거든
봄 아지랑이 바람 타고 오세요

어리고 수줍은 꽃잎
햇살 고운 발길 머물거든
당신도 햇살 따라 오세요

봄볕에 사무친 그리움
그대는 알까
바람은 알까 꽃은 알까

설익은 꿈속의 봄
돌아서면 사라지는
낯선 바람 이어도

스치듯 잠들고 싶은
햇살 같은 그리움에
봄볕 타고 오세요

봄은 오는 것일까

남쪽엔 훈훈한 바람 불어
살랑 살랑 가지 흔들며
봄이 오면 다시 오마 굳은 약속
붉은 가슴에 피어오르고

복수초 눈밭 속에
노란 마음 설레면
종달새 지지배배
봄 노래 부르네

부풀은 봉오리
살짝 고개 내밀며
행여나 임 오실까
마음 조아리며 온 나날

양지바른 언덕 위에
임에게 기대앉아
고결한 연분홍빛
첫 입술 그대에게 바치리

비 오는 플렛폼에서 1

열차는 도착하지 않았지만
나는 이미 떠나고 있었다
역사의 낡은 목조계단 내려가며
삐걱이는 소리 들으며

내 심장 삐걱대는 율동의 화음같이
취하는 것도 괜찮지 싶어 마신 술이
잠시 발걸음을 비틀거리게 했지만
나는 꼿꼿한 발걸음으로 역사를 나선다

철로 변 플랫폼에 비가 내리는데
구멍 숭숭 뚫린 천막 지붕 사이로
어느 길손의 회한 어리는 숨결
어디로 갔다 어디로 가야하나

왠지 마음 한켠에 숨겨둔
젊은 날의 초상들
밀려오는 기억의 저편 쪽으로
내 마음속 열차 다가온다

비 오는 플렛폼에서 2

열차 기다리는 형형색색 사람들
낡은 긴 의자 위 보따리 가슴 품은 채
잠 떨어진 아낙네
밤 화장 짙은 소녀 한숨 섞인 담배 연기

밤 열차 타는 사람마다 사연 실어
나는 나대로 저들은 저대로
그렇게 흘러흘러 닿는 곳이 어딜까
목적지가 있는 먼 곳으로 흘러가겠지

비 오는 플렛폼 홀로 외로이 선 외등
누굴 위해 어둠을 불 밝히나
기적 소리 울리며 다가온 열차는
뭇사람 사연 싣고 떠나가련다

제3부

숲 속의 향연

불꽃놀이

짙게 깔린 어둠 밤하늘에
순간 굉음 지르며
창공을 차고 올라
불꽃이 아름드리 수놓았구나

사랑도 애증도
광안대교 지나 바다 건너
어둠 속으로
나타났다 사라진다

지난날을 회상하며
검푸른 바다 위로 생명체 띄우고
불꽃처럼 일어나는
희망 행복 일구어 가며

잊어버리자 헛된 망상들
현실을 도피하는
원대한 꿈 이루어지는 날
내 생애 최고가 되는 날이겠지

빈 의자

뽀얀 안개 짙은 새벽길
고요의 침묵을 깨뜨리는 새들
절로 솟구쳐 오는 그리움으로
공허한 가슴 채울 수 없는 빈자리

잔물결 일렁이는 강
오랜 억겁 씻겨져 흐르건만
정답게 지낸 지난날 회상하며
압박감 떨쳐버린 자유인 되어

훌훌 벗어버리고 떨쳐 버린
보이고 느껴짐이 모두 경이롭고
오가는 이 모두가 주인 되어
애처롭게 함성 질러 새겨진 추억

내 안에 빛나는 주인공처럼
늘상 깨어 있는 빛이 되어
그윽한 향기로 휘감을 세상
빈 의자만이 간직한 비밀일는지

빈 가슴에 기쁨이 찾아올 때

어제가 오늘 같고
오늘이 내일 같은
흘러가는 물처럼
여울져 이어갈 때

한평생 보고 가야할
옆에서 지켜보는 당신
미운 정 고운 정 가슴 쓸어안고
싫은 내색 떨구며 웃음 지으며

마음 한켠 스스로 설움 삼키고
하늘이 멀게만 보이게 할 때
우연이 운명으로 다가와
작은 여운이 기쁨이 되네

겨우내 얼었던 마음 풀어
빈 가슴에 찾아온 기쁨
보석이 숨어있듯
조용히 반짝이네

새봄이 오는데

겨우내 얼어붙은 대지를 뚫고
새파란 씨앗이 허공을 차고 나와
해맑은 이슬 먹고
목마른 희망의 노래 불러본다

달빛과 햇볕 번갈아 받아가며
단비 맞고 바람에 씻겨
큰 기지개하며 힘차게 돋은 숨결이
온통 세상을 그대 품에 안겨온다

제 잘난 맛에 산다고
봄꽃 향내음 짙어가는 들녘
질퍽해진 흙 움켜쥐고
봄소식 안겨오는데

아지랑이 피어오른 지평선 따라
내 임 오시는 길목마다
아름드리 봄꽃 뿌리며
살며시 내게로 다가온다

석류알 익어갈 때면

어디선가 찬란하게 스며든 영롱한 빛
별 그림자 한낮에 잠시 눈 붙여
쉬는 너를 보고 싶어 찾아 헤맨다

그대여 보이지 않은 슬픔을 너는 아는가
그리움이 한 알 한 알 영글어
석류알처럼 익어가는 이 가을

내 심장은 석류 껍질처럼
쩌억 벌어져 발그레하게
예쁜 그리움으로 물들여진
산야를 바라보는구나

사랑아 별님이 되어
간절하게 보고 싶던 그리움이
무르익어 톡 터질 듯한 눈물 방울처럼
석류알 송이 송이 여물어 가누나

석양 같은 단풍

제 몸 불타오르는 열정으로
찬 가슴 데워줄 사람
바삐 보낸 덧없는 세월
못내 아쉬워하며 길모퉁이 선 그대
남루한 중절모자 쓴 남자

겨드랑이 사이로 떨어지는
눈물 같은 붉은 단풍 잎새들
야위어 가는 그 뺨에다
따뜻하게 비벼 주시게나

결코 넘침이 없는 기쁨으로
빈 가슴 가득 채워
가을 숲길 붉게 물들어
그리움에 몸짓하네

정녕 내 곁에 떠나는 이
못내 아쉬움 달래며
식어가는 체온 따뜻하게
애틋이 보듬어 주실래요

숲 속의 향연

싱그런 아침 산책길에
만난 이슬방울이
강물이 토닥거리는 소리에
화들짝 놀란 풀잎 춤추며

길 가장자리에 핀 노란 구절초
당신을 향한 예의 갖추고
아름다운 표현 내품어
긴 곡선 그려 놓았네

그리움이 별처럼 빛나
꽃향기 취해 마중 나가려
강둑 언저리에 선 그대
솟구쳐 오른 정열 달구네

푸른 생명 가꾸고 다듬질하여
이름 모를 새 하모니 소리
아름다운 숲 속에는
향기 짙은 눈길 맞대어 본다

아! 백제의 숨결이여

수많은 세월 찼다
기울기를 되풀이
해왔을 저 달은
이 마음 알아줄까

화사한 들꽃은 똑같이 피고 지건만
낙화암 피는 꽃은 옛 시절 못 잊어
여인네 정결을 고스란히 안고
피었다 지는 것인지

밤길 잃은 나그네 고란사에 품고
가을비 산사에 앉아 시름에 젖어
용은 떠났어도 저 강은 여전하니
망국의 한 어찌 씻으려노

찬란했던 백제의 왕기는
유네스코에 지구촌 사람 알려져
별빛 머무는 부여 사비성에
발길 멈추는 나그네

아름다운 오월에는

유난히 발그스레 얼굴 붉히며
볼우물 지은 당신에게
내 마음 전해줄 빨간 장미
그대 가슴에 전해드립니다

어쩜 화창한 날엔
당신에게 좋은 일들이
꼭 집어 말할 수는 없지만
왠지 모르게 좋은 느낌이

그이에게 좋은 일들이
많이 생겨나서 기쁨 만끽
예쁘고 고른 하얀 이를 드러내며
맑은 웃음을 짓고 있는 모습이

아름다운 5월엔
당신에게 좋은 소식 살며시 다가와
작은 집에 오순도순 웃음 피울 때
행복 가득 채운 바구니 선물 드립니다

아픔을 딛고 내일로

누가 말했나 잔인한 4월이라고
정말 잔인한 4월이 될 줄은
희망찬 신록의 계절 계절의 여왕이라
불렸던 그랬던 5월의 지금

30여 년 전 이 땅에 민주화 운동
꽃다운 청춘 수많은 목숨 바쳤던
철쭉꽃 피던 그날 돌아오면
새록새록 가슴에 아픈 상흔이 아려올 때

온 국민들을 울분케 하는 일어나서는 안 될
진도 팽목항 앞바다 세월호 침몰
말기 암 환자처럼 되어버린 국가 기강 해이로
우리들 희망마저 가라앉은 국격

이제 아픈 환부 도려내어
다시는 어처구니 없는 일이
일어나지 않도록
안전 시스템 초석 다지고 다져

선진국 가는 계기로 다른 나라가 부러워하는
아름다운 이 강산 꽃피우고
희망을 건져 올리는 항해사처럼
아픔을 딛고 내일 향해 우리 함께 달려가세

어느 봄날 하루

어설픈 몸짓으로 날 불러일으켜
깨우는 신비스런 수채화를
그려보는 임의 숨결

순수한 그 빛깔만으로
전해주고 그 향기만으로
행복 느낍니다

나무와 꽃 아름답지만
마음의 꽃 평정할 무렵
필 때가 아니라 질 때가 아름답다고

깊은 숲 속 흐르는
한 모금의 샘물 마시는 기쁨의 맛
숱한 역경 견뎌낸 희망

바람 잘 날 없는 세상
삶의 무게 견뎌 나가며
내일의 꿈 이루어진다

어느 산골 찻집

한적한 산골짜기 찻집
아늑한 조화 고풍스러운 공간
감미로운 음률에 차 향기 품어
통나무 특유가 온몸을 감싸온다

명상에 젖어드는 이방인들
포근한 쉼터 안식처
나란히 마주 놓은 찻잔은
미소 담아주는 삶의 활력소

바람의 향기는
어둠을 넘나들어
별빛 같은 눈동자에 꿈을 담고
추억을 연상하는 고혹스런 향기

어렴풋이 계절의 공간 여행
무한한 꽃들을 피우는 창가에
싸늘히 식은 찻잔은
여유를 채우며 나를 붙잡는다

여름과 가을 오는 길목에서

뙤약볕이 내리쬐는 여름 한낮
느티나무 그늘 밑에 앉아
시원한 바람 한 줄기 내 볼 스치고
파란 하늘 바라보니 상큼하구나

매미 소리 멀어져가는 들녘
백로가 유유히 날고
먼발치 길섶 코스모스
한들한들 손짓할 때면

바람이 부드럽게 더듬고 간 길에는
가을빛에 젖은 여인 모습이
대추 알처럼 붉게 물들어
한 아름 여물어 가는 구나

여름 한날 백일홍에 담은 마음
고고한 사랑 담겨진
국화꽃 그윽한 향기 온 누리에
피어나는 계절로 성큼 다가오네

여백의 美 1

무어라 형용할 수 없는
환상의 세계이지만
어딘가 모르게 부족한
채워지지 않은 여백의 공간

여울져가는 노을 진 서쪽 하늘
본 것이 보이는 것에 겹쳐지고
들었던 소리가 들려오는 소리
울려퍼지는 흥겨운 노래

사랑과 이별이 교차하는 순간이
겹쳐 흐르는 세월 따라
시간이 멈춰진 느낌
그날처럼 맴돌지 않아

지나온 세월의 아픈 상흔
너만이 간직한 사랑이기에
여백을 채울 수 있는 공간
아름다운 추억 남겨 보세

여백의 美 2

휘둘러 보아도 문만 열어도
한 폭의 수묵화 풍광 펼쳐져
아름다움 극치에 어울려
공간을 채울 수 있는 여백이

분주함만 가득 찬 오늘에 사는
우리들 마음에는
처절한 삶의 전장터 위에
여백의 공간 존재하는지

시간을 되돌릴 수 있다면
옛사람 고운 숨결 젖어있는
따스한 발자취 스며든
공간의 예술 넋을 가슴에 새겨

절대 지울 수 없는 공간
끊임없이 펼치는 미래 향해
다가오는 밝은 아침 햇살 비추어
너만이 간직한 아름다움 미로

연못가에서

삶에 지친 육신 기댈 곳 없어
발길 따라 강기슭에 다가와
무심코 연못가 가장자리 둥글 넓적한
저 연꽃은 울적한 내 마음 알아줄까

새파랗게 하늘이 맞닿은 수평선
고이 접어 둘만이 간직한 숨은 얘기
이 세상 어디에도 없는 고귀한 사랑
남몰래 수줍은 듯 내미는 미소

방향 감각 잃고 숲길로 헤쳐나와
지지배배 종달새 울음소리
멀어질 듯 가까워질 듯 맞닿은 숨결 소리
이 연못가에서 임 그림자 띄우네

우리는

지나온 숱한 날들
청아淸雅한 바람 나를 일으켜
되돌릴 수야 없지만 후회 없기를
다가올 초인超人 반갑게 맞이하고

끊임없이 솟구치는 번뇌의 유혹에서
늘 푸른 향기 그림자 드리우니
밤새워 함께 내달음질쳐 온 길
드높은 기상 마음껏 발휘해

듬직한 발걸음 옮길 때마다
땀과 눈물 삼키며 참고 견디며
비바람 헤쳐나와
멈추지 않는 열정 이어져

우리는 갖은 고초 딛고 일어서
오직 그 꿈 이루기 위해
숱한 어려움 꿋꿋이 지켜온 날들
희망의 돛 올려 힘차게 나아 간다

- 광복 70주년 맞이하며 -

원형의 무대

원형의 돌로 만들어진
무대 위에
황금빛 연기자가
하늘을 향해
천사를 부르고 있어요

구월산에서 발원한
깨끗한 개울가에
옹기종기 모여앉아
많이 들어본 듯한
멜로디에 취하고 말았어요

뱃고동 같은 소리에
가슴까지 내려앉은 듯한
중저음의 메아리가
귓전에 울려 방황하고

푸르스름한 가로등
불빛 따라 유행가 한 소절
연주가 강물처럼 흘리기
나그네 가슴 씻겨져
여름밤은 무대로 연출하는데

월월이청청 얘기

휘영청 둥근 보름달이 중천에
온 누리 비출 때 노물리* 젊은 처자들 모여
손에 손잡고 춤추고 노래하며
마을안녕 그리며 온 동네 잔치 벌여

이디에도 찾아볼 수 없는
여인들만이 간직한 민속놀이
감칠맛이 물씬 풍기는 단결된
전해오는 민초들의 애환 서린 삶

그 무엇과도 바꿀 수 없는 민속놀이
시간을 초월한 독특한 기풍
두둥실 흥겨운 민요 한 자락
길이길이 보존하고 유산 남기길

* 노물리: 경북 영덕군 영덕읍 노물리 마을 이름.

자작나무 숲길

달빛 깨우는 자작나무 숲길
쉼 없이 산비탈 돌아 나오면
그 옛날 엄마가 부엌에서
부쳐주는 수수부꾸미 한 접시

게눈 감추 듯 허기진 배
채우고 나면 언제 그랬나
싶은 어머님도 보고 품도
사르르 계곡 물처럼 녹아내려

한 점 바람에도
자작이는 이파리 소리
그리움 채우는
달빛에 걸어놓은 이름

자작나무 숲길로
다시 돌아왔을 때
방랑의 후예가 되여
자작자작 그 소리 속으로

작은 굴레 여백을 깨물어도

원초적인 삶 고민하며
굴러가는 굴렁쇠
가슴 저려오는 아픈 흔적
혼돈과 고뇌 속에 굴레를 벗기다

침묵의 밤을 달래며
호화로운 불빛 속에 우는 꽃띠 아이
글라스에 넘치는
힘찬 고동 등불 밝혀

작은 굴레 여백을 깨물어도
아픈 흔적 남기지 않으려고
그대 앞에 서면
감출 수 없는 사연 남겨

부초를 아우르며 부둥켜안고
번민의 수레를 끌고 가는 운명
그대와 나는 흐르는 계절의 강
하늘은 빙그레 웃는 둥근 달

제4부

춤추는 기억의 잎새

작은 술잔에 비친 바다

뱃머리 갑판에 슬며시 앉아
나는 술잔을 기울이며
망망대해를 바라다보니
그 바다에 큼직한 해가 담겼네

그래 나의 작은 술잔에도 해가 담겼고
방금 부두에서 받은 아내의 사랑 꽃다발
그 꽃잎에 맺힌 작은 이슬방울에도
해가 반짝 통째로 담겨 있지 않으냐

아 저 넓은 바다의 주인은 누구냐
이슬을 먹고 사는 풀벌레야 너도 오너라
비록 나는 작은 술잔이고
너는 작디작은 이슬방울이면 어떠랴

술 한 잔에도 해 하나 이슬에도 해 하나
우리들 가슴에는 태양이 가득 넘치지 않느냐
우리는 세상 누구와도 평등하고 떳떳하거니
술잔을 높이 들고 비친 바다와 함께 마시자

작은 섬 하나 돛단배

아무리 외쳐 불러도
대답 없이 되돌아온 그대 이름
그대 어느 하늘 아래서
나를 그리며 바라보는지

오늘도 그대와 거닐던
외진 작은 섬엔
괭이갈매기 슬피 울고
그리움이 파도에 씻겨

내 가슴에 가득
그대 이름으로 각인되어
숱한 세월 흘러가도
지울 수 없는 그대 이름

하얀 포말이 부딪혀
사랑의 아픔이
적셔 온 백사장에게
안부를 물어보고

그대와 같이 거닐던
작은 섬에는
지금도 있을는지
돛단배 띄운 아름다운 나날

장마 풍경

눅눅해진 귀싸대기
화들짝 햇볕에 놀란
쓰르라미 한 마리 숨어들고
게으른 무르팍에 콩자갈 한 줌

간밤 빗속에 피다 말았나
멍청한 나팔꽃 한 송이
갈데없는 자벌레의
허공마저 부럽겠지

잎새에 버티다
마르느니 차라리 뛰어내린
빗방울 하나, 둘
햇빛에 부딪쳐 찬란하구나

문득 구석에 풀죽은 하얀 나비
너도 혹시 젖은 날갯짓이
슬슬 바빠지네
나도 쓸쓸함을 꺼내 말려볼까

진달래꽃 피는 들녘

수줍어 눈도 마주치지 않는 너는
아지랑이 피어나는 들녘
온통 산허리 휘감은 분홍빛 향연
무아의 경지를 이룬 이름이여

언제였던가
봄볕에 입맞춤 하던 날
맨 처음 내게 다가온
고운 맵시 내뿜은 향기

살아온 지난 세월 속에
분홍치마 휘날리는 능선 따라
마주친 너의 눈망울
살짝이 내 품에 안기어

영원히 아우러진 향기
감춰진 울鬱 사랑의 빛으로
퇴색 되지 않는 꽃잎으로
너만이 간직한 아름다움이여

징검다리

험한 세상의 뒤안길에 쪼그리고 앉아
나는 기다리는 법 배우고 있다
내 얼굴 수도 없이 때리고 가는 물결과 물소리

버거운 몸 수심 깊이
물살에 부대끼고 고기떼에
가슴 한곳 뜯겨가며 수도修道 중이다

물속에 나를 가두고 젖어있는 동안
너의 고운 흰 속살처럼 달이 뜨고
얼마나 많은 햇살이 내 젖은 가슴을 건너갔을까

기다릴 줄 아는 삶은
노을에 잠시 나를 물들이는 것처럼
푸른 이끼로 돋아난 시간의 정원 속으로

미끄러지듯 또 하루가 저물고
나는 기억의 바퀴를 달고
한없이 너에게로 달려가고 싶다

채석강의 겨울 아침

세상이 빛으로 깨어나기 전에
너울의 낭랑한 웃음 속에
우리들 얘기가 숨겨져
갯바람이 내 얼굴을
비비고 가는 감촉 상큼해

너의 촉촉한 입맞춤 느낌도 감춰
밤새 내려진 눈길 발자국 남기고
빈 가슴 채워진 바람결이
앙상한 가지 끝에 매달려 우네

아직 세상이 깨어나기 전에
살며시 당신에게 다가와
격포항 새벽 작은 어선들
만선 부푼 꿈 어부들 소원 빌어

먼발치 밝은 미소 머금고
새벽안개 걷어내는 길가에
나목에 핀 설화는
나그네 발길을 멈추게 하네

채워지지 않은 잔

한잔을 마시고 나면
짧은 여운은 사라지고
채워지지 않은 빈 잔에
또 네게 한잔 더 원한다

억척스럽게 살아온 지난 세월
바라고 갖기를 원하는
부족함이 많은 인간의 욕망
다 버리고 비워야 하나

현명한 사람은 언제나
살아온 시간보다
욕망 허물 다 버리고
조금씩 채워가는 잔

움켜진 손 이제 펼쳐
나보다 먼저 남을 위해
헌신하고 살다보면
인생의 잔은 채울 수 있을까

첫눈 오는 거리

빗장 걸어 둔 문이 열리더니
먹구름 사이로
새하얀 떡가루 같은
첫눈이 내리는구나

볼멘 목소리로
사랑한다 다짐해놓고
어디론가 훌쩍 가버린 당신
앙상한 가지 끝에 매달린 샛바람

멍울진 눈물 머금고
내 볼 사이로 흘러내리는
달콤한 솜사탕 같은
눈송이 내려와 앉아

눈발 사이로 꽃길 만들어
두 손 꼭 잡고 영원히 변치 말자 언약
지금도 잊을 수 없는
추억어린 첫눈 오는 거리

청포도 익어갈 때면

어느덧 시간 흘러 망종芒種
강렬한 빛 온 누리 내려앉아
보리는 거두고 모내기는 한창
반딧불이 저녁을 황홀케 하지

이때면 청포도 익어갈 무렵
오늘도 추억이 아른거려
그대와 어디론가 여행을 떠나
괜스레 눈웃음 지운다

연녹색 우겨진 포도나무에
주렁주렁 매달린 청포도는
가지마다 아우성치며
여름 긴 하루를 견디어 낸다

원두막 시원한 한여름 밤에
사방 어둠에 반딧불 춤추고
별들이 합창하면 팔베게하고
청포도가 환한 미소 반겨주네

초로初老 같은 달빛

오늘도 어김없이 어둑살
내린 밤 지나 엄동 햇살
새벽 찬 이슬 머금네

앙상한 빗살 참나무 가지 사이로
힘겨운 바람 소리 지르던 목청도
잠잠해지고 따사로운 빛 다가와

세월 옷자락 한 움큼 잡고
터벅터벅 외진 모퉁이 돌아
더 쌘 바람 바위틈 깎아내린다

상큼한 이슬 무지갯빛 머물고
어둠 밝히며 초연히 내린 이슬방울
먼동 트는 들녘 영롱하게 내리면

밤에 뜨는 희망별은 햇살에 숨어 쉬고
구름 잔 틈새 내어 본연의 색깔 내고
내일 밤 찾아오면 초로 같은 달빛 내릴까

초록 그리움

아무리 훑어보아도 볼 수 없는
이름 모를 그리움이
멀리 저만치
산 위에 걸터앉았네

빗물로 씻어주는
따사로움 감싸 안은
빗물 접시의 춤은
사랑을 찾는 유희였나

우산도 없이
홀로 선 가로등은
오늘도 어디쯤에
그림자 감추었나

비 오는 창밖으로
초록이 하늘 바라보며
흐르는 눈물 같은 빗줄기
그대 발자국 남긴다

춤추는 기억의 잎새

참았던 투명한 껍질을 깨고
꿈의 향기를 머금은 흔적이
너울 되어 헤엄친다

추억을 시계視界처럼 바라보며
오래도록 내 곁에 머무르고픈
물고기 사랑

다가갈수록 어지러워
아우성 절정에서
긴 긴 침묵의 지느러미 잠재우고

유배된 기억 너머 울컥
보고 싶어도 너는 없고
흔들리는 풍경 사이로 추억이

출렁이는 아직 남은 생각의 길 따라
널 그리다가 잠들고
휘리릭 잎새 되어 대지를 안겨온다

친구야

여보게
친구야 오래간만일세
오늘 밤 나와 함께 한잔하세나

뒷골목 선술집 포장마차에서
삼삼오오 둘러 앉아
지~글 지~글 세상을 안주 삼아 한잔하세

친구야 이리 오게 냉큼 와
이래도 돌고 저래도 도는
세상살이 고달파서 한잔 드니

내 못난 푸념 들어주고 위로도 하고
얘기 꽃 피우며 정 나누고
오늘 밤은 나와 함께 즐겨보세나

피리 부는 어린 목동

청아하고 고요한 달빛 아래
길모퉁이 선 나그네
뜬 구름 사이 바쁜 걸음으로
오색 단풍 붉게 타오르다

저 멀리 양 떼 모는 피리 부는 어린 목동
창공의 구름마저 햇살 아래 미소 짓고
고라니 토끼도 숲 속 다람쥐마저
즐거워하며 귀 기울이네

낙엽은 천지사방 흩날리며
실여울 따라 코스모스
춤추는 황금 물결 넘실대는 들녘
대자연 아름다운 하모니 따라

천여 년 세월 유수와 같이 흘러
옛 성터와 고목만이 남아
계곡 실개천 간곳없고 바위 틈새
골짜기엔 어린 목동 저린 가슴 훔치네

하얀 겨울나기

메마른 대지 위로 하얀 눈 내린다
소복이 쌓여가는 눈송이들
칼바람 몰아치는 겨울이건만
양지 바른쪽 백합화 피고

난 눈꽃이 보고 싶어
창문을 여니 허공虛空이 열리고
하얀 기억들이 천사의 미소로
허공을 허우적거리며 헤맨다

시인의 가슴에 심어진 나무 하나
하얀 기억 담고 살다가
이 다음에 봄이 오면
파란 이파리 내고 꽃 피우겠지

마음 비우고 공간을 만들어
조금씩 내미는 천사의 몸짓
사랑하다 상처 입은 꽃망울
뜨거운 몸부림으로 봄을 잉태한다

호숫가에서

물안개 아스라이
새벽을 깨울 때면
희뿌옇게 밝아오는
정갈한 아름다움

바라볼 수 있는
서늘한 아침이기에
허기진 마음은
무한을 갈구하지만

상큼한 햇살 아래
영그는 나뭇가지 사이로
오늘을 태우는 노을은
사무치게 아름답더라

평정심을 잃지 않고
귀 기울이는 이 고요한
호숫가 물결 위로
그리움 저민 모습이

흔적

문풍지 틈새로 샛바람 파고들어
내 침상에 맴돌다 스쳐가고
따스한 체온으로 너의 입김 불어와

가슴앓이로 응어리진 흔적
까만 밤 잠 못 이루어 하얗게 지샌 밤
어디 한 두 번이었나마는

먼 훗날 그대와 함께
영원히 변치 말고 살자던 언약
헌 신짝처럼 저버리고
훌쩍 떠난 발자취 따라
창가에 맴돌던 별빛 새겨져

내 청춘 식어만 가고
이마에 잔주름이 굵어져 가는데
아련히 떠오르는 희미한 옛 추억
빛바랜 흔적 지울 길 없어
오늘도 명상을 그려본다

가슴으로 부친 연서

핑크빛을 한사코 거부하는 몸짓
붉게 물든 내 가슴에
그대 그리움 가눌 길 없어
펜을 준비했어요

임이 안 계시면 존재 하지 않은 저
낙엽 밟으며 일어선 추상들
나뭇가지 끝자락 맴돌다
싸락눈에 묻혀 노을이 저물어 갑니다

백지 위에 이름 적어놓고
고운 얼굴 그려 넣기도 하고
예쁜 볼우물 지으며
더욱 빨개진 미소로 다가옵니다

싱그러운 새벽이슬 머금고
말미에 사랑 단 두 글자로
가을이 가는데도 봄이 오는 제 가슴은
수줍은 얼굴 되어 편지 씁니다

가을 잔상

햇볕 따갑게 내리쬐는 강가에서
흐트러진 국화를 바라보며
말없이 공원 벤치에 앉아 사색 즐긴다

그동안 숨 가쁘게 살아온 날들
그 이유를 물음표에 찍고
오랜만에 둘만이 가진 시간
경직된 표정보다 웃음을 보이곤

세월의 흔적 담은 잔주름을
떨쳐내지 못한 시름에 잠긴 모습
감추고 싶은 표정들
하나도 감추지 못해 드러낸 모습

하염없이 바라보는 너이기에
이 강가 점령하고
갈바람 앞에 애교 떠는
만발한 국화 향기보다
당신이 더 아름답게 보이는 것은
아직도 당신을 사랑하고 있나봐

기찻길 戀歌

운명을 달리해도
하나는 될 수 없어도
영원히 함께 가는
기찻길 인연이랍니다

달려갈 때에도
간이역에 머무를 때도
우리는 함께 달리는
칙칙폭폭 사랑입니다

종착역은 있어도
끝나지 않은 사랑
녹은 슬어 있어도
썩지 않는 사랑

기적 소리 울려 퍼지는
플렛폼에 서서
긴 여로에 선 인생길
식지 않은 연민의 강인가

낙조落照에 물든 들녘

가까운 듯 먼 듯
낙조落照에 떨어진
긴 그림자를 밟고 성큼 내게로 온다

부르지 못한 그대의 노래가
아직 끝내지 않은 그대의 밀어가
금빛 물비늘에 젖어서 온다

논두렁 밭두렁 사잇길
볏짚을 밟으며
멍든 세월 장미 가시 되어
가슴 저린 눈먼 사랑 얘기

망각으로 지우지 못한 그대의 잔영
그것이 그리움 될 줄이야
점점 어둠이 깊어가는 이 밤에
하얀 고독 그림자 달빛에 행군다

감성의 촉수와 미적 진정성

임종성(문학평론가, 문학박사)

시는 말하기의 한 형식이다. 이러한 관점을 들이대면 시 속에서 누가 어떤 목소리로 말하는가는 아주 중요하다. 현대에 오면 시인은 시 속에서 타자의 얼굴을 하고 탈(퍼스나)을 쓰며 말하기도 한다. 시의 행간 속에 시인 대신 퍼스나가 유입되는 것이다.

이렇게 퍼스나가 들어오면 시에는 긴장이나 극적 구조가 장진된다. 오랜 과거에는 시인이 직접 자신의 관념이나 정서를 드러내지만 현대에 이르면 시인과 시적 화자, 시와 일상이 이완되거나 분리되어 심리적 거리가 멀어지는 자율성의 미학이 차용되는 것이다.

아무리 훑어보아도 볼 수 없는
이름 모를 그리움이
멀리 저만치
산 위에 걸터앉았네.

빗물로 씻어주는
따사로움 감싸 안은

빗물 접시의 춤은
사랑을 찾는 유희였나.

우산도 없이
홀로 선 가로등은
오늘도 어디쯤에
그림자 감추었나.

비 오는 창밖으로
초록이 하늘 바라보며
흐르는 눈물 같은 빗줄기
그대 발자국 남긴다. [초록 그리움] 전문

사르트르의 표현을 그대로 따른다면 그리움이나 사랑, 영혼 같은 말도 사물이다. 이 시에서 화자는 그리움을 사물로 대상화하여 스스로에게 말을 걸고 있다. 〈이름 모를 그리움이/ 멀리 저만치/ 산 위에 걸터앉았네.〉라는 행간에서 드러나 있듯 화자는 그리움을 가슴에 깊이 품고 있는 것이다.

이러한 그리움은 〈빗물 접시의 춤은/ 사랑을 찾는 유희〉로 파급되어 〈초록이 하늘 바라보며/ 흐르는 눈물 같은 빗줄기/ 그대 발자국〉을 찾아 나선다. 내리는 빗속에서의 화자의 초록빛 발걸음은 멀리 눈 내리는 춥고 한적한 들길에 떠돈다.

눈 내리는 날이 오면
가슴 속 무슨 연민의 정 남아

왠지 뜻 모를 그리움 뱉어 낼까.

무심코 걷는 발걸음 따라 찍힌 발자국이야
눈 내려 다시 덮어 주겠지만
가슴 속 시린 발자국을 누가 덮어주랴.

여울져 오는 그리움은
오랜 세월 가슴 조아리며
한숨 내쉬며 응어리진 사연

눈 내리는 날이면
어디선가 날 기다리는 사람
나 걸어온 길 뒤돌아보니
덧없는 세월인 것을. [눈길을 걸으며] 전문

그리움을 품은 가슴 속에는 한두 마디의 정겨운 말이 움트기 마련이다. '보고 싶다' '그립다' '만나고 싶다'는 마음이 새록새록 돋아나는 것이다. '보고 싶다'고 산에게 얘기하면 그 한 마디 말은 나무가 되어 파릇파릇 새싹을 돋우고, 강가나 바닷가에 가서 얘기하면 그 한 마디 말은 물고기가 되어 차랑차랑 물결을 거슬러 오르는 것이다.

그리고 '그립다'고 저무는 하늘에게 애기하면 한 마디 말이 별이 되어 빛나고 '보고 싶다' '그립다' 연신 들녘에게 얘기하면 그 한 마디 말이 꽃이 되어 향기처럼 바람을 헤쳐 나가는 것이다. 그리움은 발자국을 남기고, 그래서 〈눈 내리는 날〉이 되면 〈어디선가 날 기다리는 사람〉을 떠올리게 하여 먼 하늘을 보게도 한다. 또한 그것은 덧없는 세월을

뒤돌아보는 어떤 아련한 회한이나 추억, 아픈 기억까지를 되살아나게 하는 것이다.

노을빛 내리는 뜨락 홀로 걸으며
하늘 향해 속삭이는 간절한 애원
그대의 자장가 온유한 속삭임

잡힐 듯이 잡히지 않는 꿈을 붙들고
서성인 날들이 수없이 지나가도
아직도 그 자리 떠날 수도 없는 인연

아주 좋은 곳에 마음 이끌려 유혹당해도
작은 몸짓 하나도 배어가는 소박함
지금보다 힘든 날이 닥쳐와도 기다린 보람

마음보다 머무는 곳에 너와 함께라면
서로 온유하고 끝없는 희망 불 지펴
푸른 세상 빛들이 한없이 태웠던 젊음

미련 떨쳐 버리고 노을 지는 그리움
걷고 다시 걸어도 끝이 보이지 않는 미로
내일 향해 손짓하는 뜨락에 핀 꽃향기 [노을 진 뜨락] 전문

화자는 지나온 길, 더 가야할 길 앞에서 노을빛이 내리고 있는 것을 감지하고 있다. 그런데 아침이나 한낮을 경과하지 않고서는 근사한 장엄미를 느낄 수 없다. 이러한 노을빛 안쪽에는 〈내일 향해 속삭이는 간절한 애원/ 그대 자장가 온유한 속삭임〉이 스며있다. 환하게 깨어난 뒤에도 꿈에

붙들리듯 〈떠날 수 없는 인연〉의 끈에 자유롭게 편안히 묶인다. 〈미련 떨쳐버리고 노을지는 그리움〉을 벗을 수 없는 화자는 아스라한 미로에서 지울 수 없는 어떤 이름을 품고 〈내일 향해 손짓하는 뜨락에 핀 꽃향기〉에 젖어든다.

아무리 외쳐 불러도
대답 없이 되돌아온 그대 이름
그대 어느 하늘 아래서
나를 그리며 바라보는지

오늘도 그대와 거닐던
외지 작은 섬엔
괭이갈매기 슬피 울고
그리움이 파도에 씻겨

내 가슴에 가득
그대 이름으로 각인되어
숱한 세월 흘러가도
지울 수 없는 그대 이름

하얀 포말이 부딪쳐
사랑의 아픔이

적셔 온 백사장에게
안부를 물어보고

그대와 같이 거닐던
작은 섬에는

지금도 있을는지
돛단배 띄운 아름다운 나날　　[작은 섬 하나 돛단배] 전문

그리움의 감정은 이름을 부르고 싶은 마음과 다르지 않다. 특히 춥고 긴 겨울밤 가장 쓸쓸하고 외롭다고 느낄 때 자기 곁에 아무도 없다는 소외감과 상실감이 감돌면 화자는 그리운 사람의 이름을 찾게 된다.

〈내 가슴에 가득/ 그대 이름으로 각인되어/ 숱한 세월 흘러가도/지울 수 없는 그대 이름〉만이라도 남아 있으면 의식의 내면 맨 밑바닥에서 해를 떠오르게 할 수 있는 것이다.

위대한 창조 세상 아래
벽두를 점화하는 생명의 불덩이
자연 따라 나선 지 수십 년 흐르고
첫날 해돋이가 처음이 아닐지라도

보고 또 보는 햇볕의 따스한 느낌이
발끝부터 온몸에 열기
저려오는 사랑의 불덩이
햇살 따라 살고 지는 한세상 삶의 불씨여라

희로애락도 세상에 온 빛이라면
얼마나 선하게 살아왔는지
얼마나 성찰하며 살아왔는지
오고 가는 길이 생에 전부라면

부모님께 받은 은혜 태산 같은데
세상 사람께 받은 은혜 하해 같은데
빚을 갚은 자세로 그저 감내하며
있는 듯 없는 듯이 살아야겠지. [해돋이] 전문

화자는 마음속에 해를 품고 있어 언제 어디서나 길에 날개를 달수 있는 것이다. 하찮고 외진 것들에서도 생명을 얻고 노래하고 춤추고 벅찬 가슴으로 말하게 된다. 스쳐 흐르는 모든 순간은 꽃 피고 새로워지는 것이다.

해돋이는 여명의 광원이다. 차랑차랑 맑고 깊게 고이는 빛의 물방울 속에서 집도 손도 심장도 모두 향기로 퍼지게 된다. 그래서 〈빚을 갚은 자세로 그저 감내하며/ 있는 듯 없는 듯이 살아야겠지〉하는 다짐을 가진다.

유난히 빛나는 서쪽 샛별이
후텁지근히 더운 여름밤
그대 저 하늘 별이 된다며
고운 손길 살며시 잡아본다

맑고 청아한 공기 가르는
소리 없는 아우성 이슬 머금고
뭉게구름 속에 비친 모습은
누굴 기다리며 애간장 녹이나

밤마다 떠올리는 고운 그대 모습
망각에 사로잡힌 시간 속

행여나 고운 임 내게 오려나
기다림에 지친 숨결이여.　　　　　　[별빛 머무는 밤] 전문

벅찬 그리움의 정감이 애타는 기다림의 정감으로 바뀌어 지는 것은 당연하다. 〈행여나 고운 임 내게 오려나/ 기다림에 지친 숨결이여〉라는 행간에서 화자는 별빛이 머무는 밤을 맞고 있다. 그리운 임은 봄볕을 타고 오기를 기다리기도 하고 비 오는 날 플랫폼에서 잘 오지 않는 기차를 기다린다.

열차는 도착하지 않았지만
나는 이미 떠나고 있었다.
역사의 낡은 목조계단 내려가며
삐걱이는 소리 들으며

내 심장 삐걱대는 율동의 화음같이
취하는 것도 괜찮지 싶어 술이
잠시 발걸음을 비틀거리게 했지만
나는 꼿꼿한 발걸음으로 역사를 나선다

철로 변 플랫폼에 비가 내리는데
구멍 숭숭 뚫린 천막 지붕 사이로
어느 길손의 회한 어리는 숨결
어디로 갔다 어디로 가야 하나

왠지 마음 한켠에 숨겨둔
젊은 날의 초상들
밀려오는 기억의 저편 쪽으로

내 마음속 열차 다가온다. [비 오는 플렛폼에서 1] 전문

이 시에서 화자는 〈어느 길손의 회한 어리는 숨결/ 어디로 갔다 어디로 가야 하나〉처럼 회한에 휩싸여 있다. 〈왠지 마음 한켠에 숨겨둔/ 젊은 날의 초상들/ 밀려오는 기억의 저편 쪽으로/ 내 마음속 열차〉는 다가오지만 '어느 길손'은 화자 자신인 것이다.

어쭙잖은 세상살이에
나름대로 계획하고
실천하고 틈틈이 쌓아올리며

노력하고 달려왔지만
무엇 하나 달라지거나
이렇다 할 변화된 게 없다

나만의 공간 세월의 무게만
잔뜩 얽매인 채로
그 틀 속에
나를 너무 오랫동안
가둬 놓은 게 아닌지

새롭게 변모하는 시간 남긴 채
아름다운 영상 떠올리며
정녕 나만의 존재 가치에 맴돌아
또 다른 미래의 꿈 펼쳐 남긴다. [미래를 향한 독백] 부분

화자는 〈나만의 공간 세월의 무게만/ 잔뜩 얽매인 채로/

그 틀 속에/ 나를 너무 오랫동안 가둬 놓은 게 아닌지〉하는 회한에 젖어 있다. 그러면서도 〈새롭게 변모하는 시간 남긴 채〉 밝은 미래를 향해 눈을 던진다. 이러한 미래는 막연한 관념적 시간이 아니라 〈새롭게 변모하는〉 현재 속에 잠재하고 있는 시간이다.

'그립다', '보고 싶다'라는 말은 '사랑하다'란 말과 다르지 않다.

그립고 보고 싶은 것은 사랑하는 것이다. 우리는 알고 있는 것에 따라서가 아니라 사랑하는 것에 따라서 이해되고 평가해야 하는 것이다. 오직 사랑만이 인간을 그 자신이 되도록 만든다.

이러한 관점에 기대어 보면 나영훈 시인의 세 번째 시집 『초록 그리움』에는 예민한 감성의 촉수와 미적 진정성이 비교적 진술의 형태로 드러나 있다. 단순한 감상을 넘어선 그리움은 사랑이란 말로 바꾸어 얘기할 수 있는 개연성이 다분히 많다. 그래서 나영훈 시인에게 그리움의 정감은 매우 소중한 정서적 가치를 구비하고 있다.

세상의 황폐와 거짓에 맞서 인간에 대한 정겹고 따스한 사랑을 옮겨 위안과 평온과 인정의 교감을 깊게 확산시켜 주고 있다는 것은 아주 소중한 미덕이 아닐 수 없는 것이다.

나영훈 제5시집
초록 그리움

인쇄: 2016년 5월 15일
발행: 2016년 5월 20일

지은이: 나영훈
펴낸이: 최경식
펴낸곳: 도서출판 청옥문학사
인쇄처: 세종문화사

출판등록 제10-11-05호
E-mail: kyu500@hanmail.net
전화: 051-517-6068

값 10,000원

ISBN 978-89-97805-49-5 03810

이 도서의 국립중앙도서관 출판시도서목록(cip)은 서지정보유통지원시스템 홈페이지(http://seoji.nl.go.kr)와 국가자료공동목록시스템(http://www.nl.go.kr/kolisnet)에서 이용하실 수 있습니다.(cip2016011990)